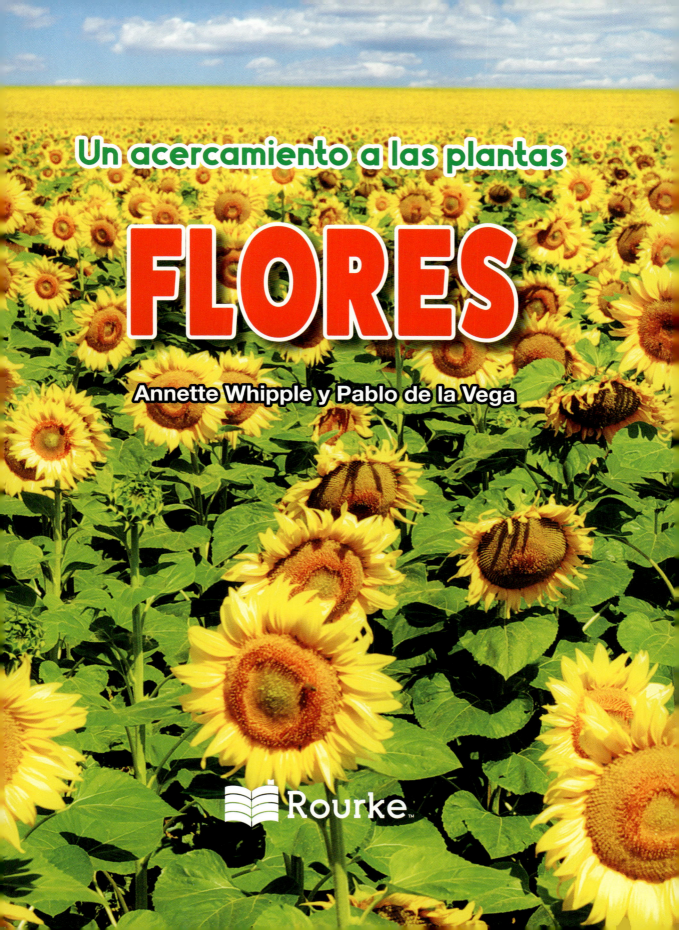

Actividades para antes y después de la lectura

Antes de la lectura:

Construcción del vocabulario académico y los conocimientos previos

Antes de leer un libro, es importante utilizar lo que ya saben los niños acerca del tema. Esto los ayudará a desarrollar su vocabulario, incrementar su comprensión de la lectura y hacer conexiones con otras áreas del currículum.

1. Ve la portada del libro y lee el título. ¿De qué crees que trata este libro?
2. ¿Qué sabes de este tema?
3. Veamos el índice. ¿Qué aprenderás en cada capítulo del libro?
4. ¿Qué te gustaría aprender acerca de este tema? ¿Piensas que podrías aprender algo con este libro? ¿Por qué sí o por qué no?
5. Usa un diario de lectura y escribe en él tus conocimientos de este tema. Anota lo que ya sabes de él y lo que te gustaría aprender.
6. Lee el libro.
7. En tu diario de lectura, anota lo que aprendiste del tema y tus reacciones al libro.
8. Después de leer el libro, realiza las actividades que se encuentran abajo.

Área de contenido Vocabulario
Lee las palabras de la lista. ¿Qué significan?

científicos
fertilización
floración
néctar
oxígeno
polen
polinizadores
reproducción

Después de la lectura:

Actividad de comprensión y extensión

Después de leer el libro, use las siguientes preguntas con su hijo o alumnos para verificar su nivel de comprensión lectora y dominio del contenido.

1. ¿De qué manera las flores ayudan a las plantas? (Resume).
2. ¿Por qué piensas que las flores de las gramíneas se sirven de la polinización por viento? (Infiere).
3. ¿En qué parte de la flor se forman las semillas? (Formulación de preguntas).
4. ¿Cuál es tu comida favorita que viene de las flores? (Conexiones texto a ti mismo).
5. ¿Cómo ayudan los polinizadores a las flores? (Formulación de preguntas).

Actividad de extensión:

En este libro se habla de las partes internas de las flores. Disecciona un lirio, un tulipán o un narciso para que puedas ver estas partes por ti mismo. Con cuidado, separa cada parte de la flor siguiendo un orden lógico. Quita todos los pétalos, luego los estambres. Después, quita el pistilo. Fija con pegamento o cinta todas estas partes en una hoja de papel y etiquétalas. Obtén un poco de polen tocando con cuidado la antera. Analiza el polen con la ayuda de una lupa o un microscopio.

Índice

Productora de semillas	4
Las partes de una flor	6
Polinización y fertilización	9
De semilla a semilla	12
Flores fructíferas	16
Trabajos florecientes	18
Actividad: Las necesidades de las semillas	21
Glosario	22
Índice alfabético	23
Demuestra lo que aprendiste	23
Acerca de la autora	24

Productora de semillas

Una semilla está en el suelo. Dentro de la semilla hay una planta muy joven esperando crecer.

¿De dónde vino la semilla? ¡De una flor!

Las flores son parte de las plantas. Hay flores de todos los colores, tamaños, formas e incluso olores, pero todas tienen un propósito: hacer más plantas.

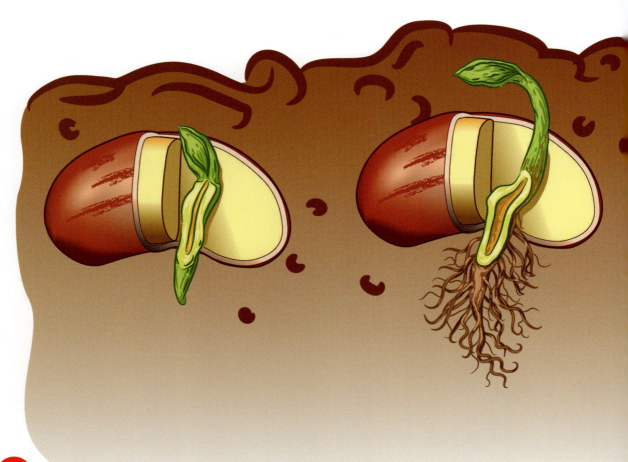

Las flores ayudan a las plantas en la **reproducción**. ¿Cómo lo hacen? Producen semillas, y gracias a las semillas hay más plantas.

Una planta nace de una semilla.

Las partes de una flor

lirio atigrado

Cuando piensas en una flor, ¿imaginas pétalos de colores? Esos bellos pétalos tienen una función. Protegen las partes internas de la flor. Ahí es donde se producen las semillas.

En medio de los pétalos está el pistilo. Algunas flores tienen muchos pistilos. Otras solo tienen uno. En la base del pistilo está el ovario. Ahí es donde se forman las semillas. La punta del pistilo es llamada estigma. Recolecta **polen** de las flores.

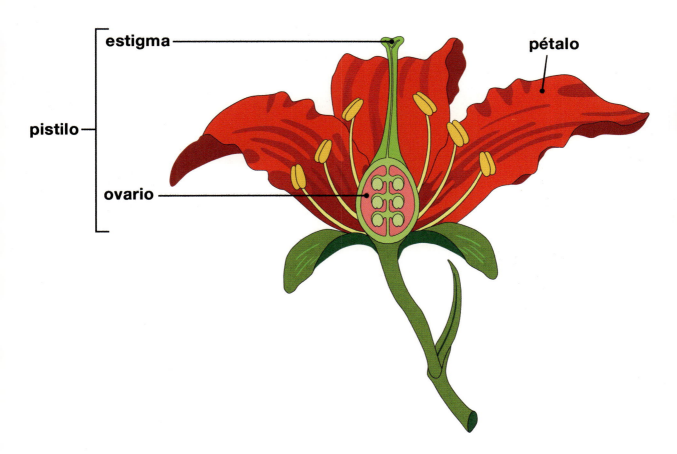

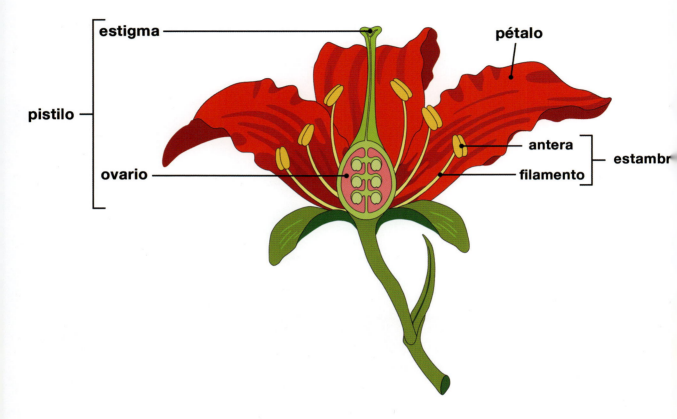

Otra parte de la flor es el estambre. Los estambres crecen cerca del pistilo. La punta del estambre es llamada antera. El polen se hace en la antera. Los granos de polen parecen polvo amarillo. Pistilo y estambre son necesarios para la producción de semillas.

Polinización y fertilización

Los granos de polen se quedan en el estambre de la flor hasta que son retirados. Al movimiento de polen de una flor a otra se le llama polinización.

El polen se mueve de muchas maneras. A veces el viento lo arrastra. La lluvia y los ríos transportan polen. Murciélagos y lémures pueden llevarlo a otra flor. Los insectos son los que mueven la mayor cantidad de polen: abejas, mariposas, escarabajos y polillas son buenos **polinizadores**.

Atareadas abejas

Una abeja melífera puede visitar más de mil flores en un día. ¡Las abejas son las mayores polinizadoras del mundo!

La antera de una flor se abre cuando el polen está maduro. Este debe llegar al estigma para producir semillas. A esto se le llama **fertilización**. Gracias a ella, las semillas comienzan a crecer.

Llevar el polen de una planta a otra produce plantas fuertes y saludables, pero las dos plantas deben ser de la misma especie. A esto se le llama polinización cruzada.

polen

colibrí brillante coroniverde

Trabajo en equipo

Las flores están diseñadas para atraer insectos, aves y animales con sus coloridos pétalos o su aroma. Muchas flores necesitan ser visitadas para que su polen llegue a otras flores. Insectos y animales beben el **néctar** que se encuentra en la parte más profunda de la flor.

De semilla a semilla

Dentro de las semillas hay plantas bebé. Deben esperar para convertirse en plantas. Las semillas necesitan agua, **oxígeno** y calor para crecer. También necesitan una iluminación adecuada para convertirse en plantas. Algunas semillas necesitan de luz del Sol directa. Otras necesitan de la oscuridad.

Cuando llega el momento, la cáscara de la semilla se rompe. Una raíz comienza a crecer hacia abajo atravesando la tierra. La plántula se abre camino hacia el Sol. ¡La planta crece! Se forman hojas en el tallo.

Luego, una pequeña flor, llamada pimpollo, comienza a crecer. Dentro del pimpollo, la flor se hace más grande. Pronto se abre y la planta florece. Después, un insecto se posa en ella para beber su néctar.

Un poco del polen se pega al insecto mientras este permanece en la flor. Bebe y luego se va a otra planta en **floración**. El polen pegado al insecto se pega al estigma de esta otra flor. Así, la flor es fertilizada.

Otras flores

Algunas flores no tienen colores. Las flores de las gramíneas no tienen pétalos. Aun así producen semillas. El viento poliniza gramíneas como el trigo, el arroz y la avena. Incluso el césped de tu jardín comienza siendo una semilla.

estigma

La función de la flor está casi concluida. Los pétalos se marchitan. Las semillas comienzan a crecer dentro del ovario, que se inflama. Los pétalos se caen para que las semillas puedan desarrollarse. ¡Pronto, las semillas se convertirán en plantas! El ciclo de la vida continúa.

girasol

semillas

El ciclo de la vida de las plantas

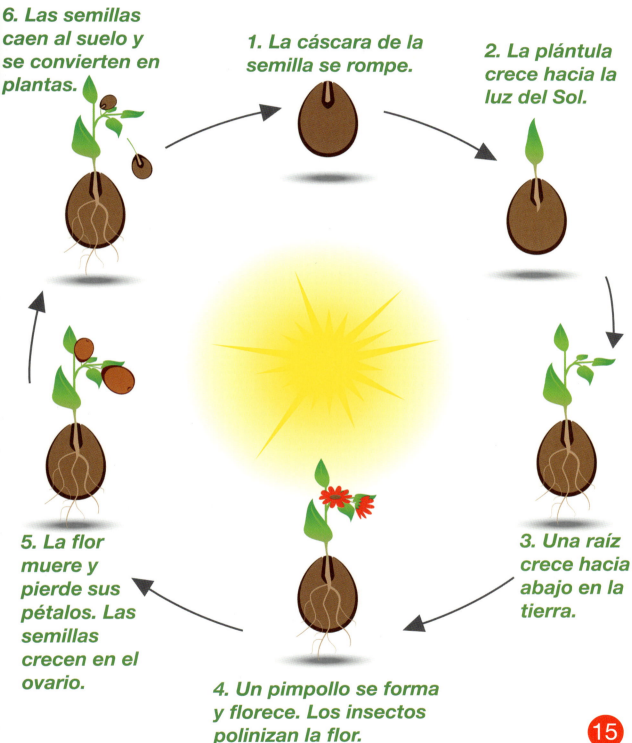

Flores fructíferas

Las flores y las plantas no son solo bonitas. Son útiles de maneras sorprendentes. Usamos flores para decorar y en ceremonias como las bodas o los funerales. También producen el oxígeno que respiran las personas y los animales.

Las plantas producen su alimento usando la luz del Sol, agua y dióxido de carbono. Este proceso, llamado fotosíntesis, también produce el oxígeno que respiramos.

Plantas y flores fueron la primera fuente de la mayor parte de las medicinas que aún hoy usamos. El algodón, la fibra más usada en el mundo, viene de la planta del algodón. Incluso especias, aceites y hierbas provienen de flores y semillas. Los pétalos del jazmín, de las rosas, entre otras, se usan para hacer infusiones. Las frutas, las verduras, las nueces, los cereales y los granos vienen de las flores.

Flores comestibles

¡Algunos de nuestros alimentos son flores! El brócoli, la coliflor y las alcachofas son flores. Los clavos de olor son la flor de una planta.

clavos

planta de algodón

Trabajos florecientes

fresal

Hay muchos trabajos disponibles para quienes les gusta trabajar con plantas. Algunos agricultores cultivan comida. Otros cultivan flores. Algunos plantan árboles y cosechan sus frutos. Las florerías y los viveros venden plantas. Los paisajistas diseñan espacios exteriores con flores y plantas.

Algunos **científicos** trabajan de cerca con plantas y flores. Los botánicos estudian la vida de las plantas. Los horticultores estudian el crecimiento de flores, frutas y verduras. Otros científicos estudian la relación entre la tierra y las plantas. Se llaman agrónomos.

Los científicos de las plantas usan sus conocimientos para resolver problemas. Algunos ayudan a los agricultores para que sus cultivos crezcan. Otros mejoran las medicinas, el alimento y los materiales de construcción. Ayudan a disminuir la contaminación. Algunos científicos de las plantas, incluso, administran espacios abiertos como bosques o parques.

No necesitas esperar a ser mayor para estudiar las flores. Puedes plantar tus propias flores o visitar un jardín. Mira el interior de algunas flores para aprender cómo producen semillas.

Las necesidades de las semillas

¿Qué necesitan las semillas para desarrollarse? ¡Averigüémoslo!

Qué necesitas:

4 frijoles
4 vasos de plástico transparente
tierra
marcador
agua

Qué harás:

1. Con ayuda del marcador, etiqueta cada vaso con los siguientes conjuntos de palabras (uno diferente por vaso): frío/oscuro/húmedo, frío/oscuro/seco, cálido/soleado/húmedo, cálido/soleado/seco.
2. Llena cada vaso con tierra casi hasta el borde. Coloca una semilla en cada vaso de manera que puedas verla. Haz presión sobre ella y entiérrala solo un poco. Humedece ligeramente con agua la tierra de cada vaso.
3. Coloca los vasos etiquetados como frío/oscuro/húmedo y frío/oscuro/seco en el refrigerador. Coloca los vasos etiquetados cálido/soleado/húmedo y cálido/soleado/seco en una ventana a la que le dé el Sol.
4. No vuelvas a poner agua en los vasos etiquetados frío/oscuro/seco y cálido/soleado/seco.
5. Revisa cada día los vasos etiquetados frío/oscuro/húmedo y cálido/soleado/húmedo. Cuando la tierra se seque, agrega un poco de agua. Ten cuidado de no regarlas de más.
6. Después de dos semanas, mira las semillas. ¿Brotaron algunas plantas? ¿Qué diferencias hay en cada semilla? ¿Por qué piensas que son diferentes?

¿A qué conclusiones llegas con base en este experimento?

Glosario

científicos: Gente entrenada para trabajar en campos científicos.

fertilización: El acto de inicio de la reproducción en un animal o planta al hacer que un espermatozoide se una a un óvulo, o que el polen entre en contacto con el órgano reproductivo de una planta.

floración: Una flor abierta en una planta o árbol.

néctar: Un líquido dulce de las flores que las abejas recolectan para producir miel.

oxígeno: Un gas incoloro que se encuentra en el aire y el agua.

polen: Diminutos granos amarillos producidos en las anteras de las flores.

polinizadores: Un agente que poliniza las flores.

reproducción: El acto de producir descendientes o individuos de la misma especie.

Índice alfabético

antera: 8, 10
estambre(s): 8, 9
estigma: 7, 8, 10, 13
ovario: 7, 8, 14, 15
pétalos: 6, 7, 11, 13, 14, 15, 17

pistilo(s): 7, 8
polen: 7, 8, 9, 10, 11, 13
semilla(s): 4, 5, 6, 7, 8, 10, 12, 13, 14, 15, 17, 20

Demuestra lo que aprendiste

1. ¿Por qué las flores son importantes?
2. Nombra tres maneras en las que el polen es transportado.
3. ¿Cómo son fertilizadas las flores?
4. ¿Qué necesitan las semillas para desarrollarse?
5. ¿Cómo usa la gente las flores?

Acerca de la autora

Annette Whipple aprendió a amar las ciencias y la naturaleza durante sus años como educadora ambiental y maestra de escuela. Vive con su familia en el sureste de Pensilvania. A Annette le gusta leer buenos libros y comer galletas recién horneadas de chispas de chocolate. Conoce más sobre Annette y sus presentaciones en www.AnnetteWhipple.com (sitio en inglés).

© 2023 Rourke Educational Media

All rights reserved. No part of this book may be reproduced or utilized in any form or by any means, electronic or mechanical including photocopying, recording, or by any information storage and retrieval system without permission in writing from the publisher.

www.rourkebooks.com

PHOTO CREDITS:Cover: background os sunflowers © photolinc, illustration © udaix, flower icon © ArchMan; title page © meirion matthias; page 4-5 © NoPainNoGain; page 6 © CrispyPork, page 7 and 8 © udaix, page 9 © Christian Musat; pages 10-11 © single bee © pixel, bee on flower © Tsekhmister, page 11 g Ondrej Prosicky; page 13 © Wanya007,; page 14 © Moshbidon, page 15 © Divector; page 16 © BlueRingMedia, page 17 cotton plant © Toko Kawatoko, cloves © Armen Tigranyan; page 18 © Alexlky, page 19 © zhu difeng; page 20 © sirtravelalot. All images from Shutterstock.com except page 12 © Bogdan Wańkowicz | Dreamstime.com,

Editado por: Laura Malay
Diseño de la tapa e interior: Nicola Stratford
Traducción: Pablo de la Vega

Library of Congress PCN Data

Flores / Annette Whipple
(Un acercamiento a las plantas)
  ISBN 978-1-73165-445-8 (hard cover)
  ISBN 978-1-73165-496-0 (soft cover)
  ISBN 978-1-73165-529-5 (e-book)
  ISBN 978-1-73165-562-2 (e-pub)
Library of Congress Control Number: 2022941020

Rourke Educational Media
Printed in the United States of America
01-0372311937